Ban Pinta ku Tanchi Rugia

Dios ta amor

Esaki ta tanchi Rugia su vèrsíkulo preferí. Tanchi Rugia a nase na Kòrsou, riba 24 di febrüari 1943.

El a bai biba na kas di orfanato (Weeshuis) ku edat di 7 aña. E ta konta di bon tempunan ku el a pasa einan. E ta konta kon el a siña papia Hulandes, kose i pasa prèt.

Den e último añanan Nansh ku Tirzo a bira su kompañeronan. Tur kaminda nan tres ta move huntu. Bo yega restorant, bo ta topa nan. Bo yega The Movies, bo ta topa nan. Djadumingu tur tres ta huntu na misa. Tanchi gusta hunga dominó i Mens erger je niet. E gusta kome kos dushi, spesialmente mangel i bakoba.

Tanchi Rugia gusta baila mes mes. For di yòng el a baila i te ainda asina un muzik zona, e ta marka paso. E ta baila tur hende ku nos konosé bou di mesa. No tin mihó bailarín den nos famia. Tanchi Rugia gusta pushi, flor, laman, kachó i papia hari.

Tanchi Rugia stima klùr. Tur día e ta klùr den su bukinan. I ora e kaba di klùr e prinsesanan, e ta bisa: "Atami aki". Awèl awe nos a disidí di tin Prinsès Rugia su mes buki p'e, ku tur su famianan ku e stima i ku ta bishit'é, bèl e i hasi su bida kontentu apesar di e malesa ku e tin.

Ban selebrá tanchi Rugia! Un muhé dinámiko i yen di pashon.

Tanchi Rugia nos stimabo.

Salmo 1:2

Ma su *delisia* ta den e lei di SEÑOR, i den *Su lei* e ta *meditá* di dia i anochi.

Salmo 19:9

E *temor* di SEÑOR ta limpi, e ta **permanesé** *pa* semper; e *huisionan* di SEÑOR ta *bèrdadero*, nan tur ta *kompletamente* nustu.

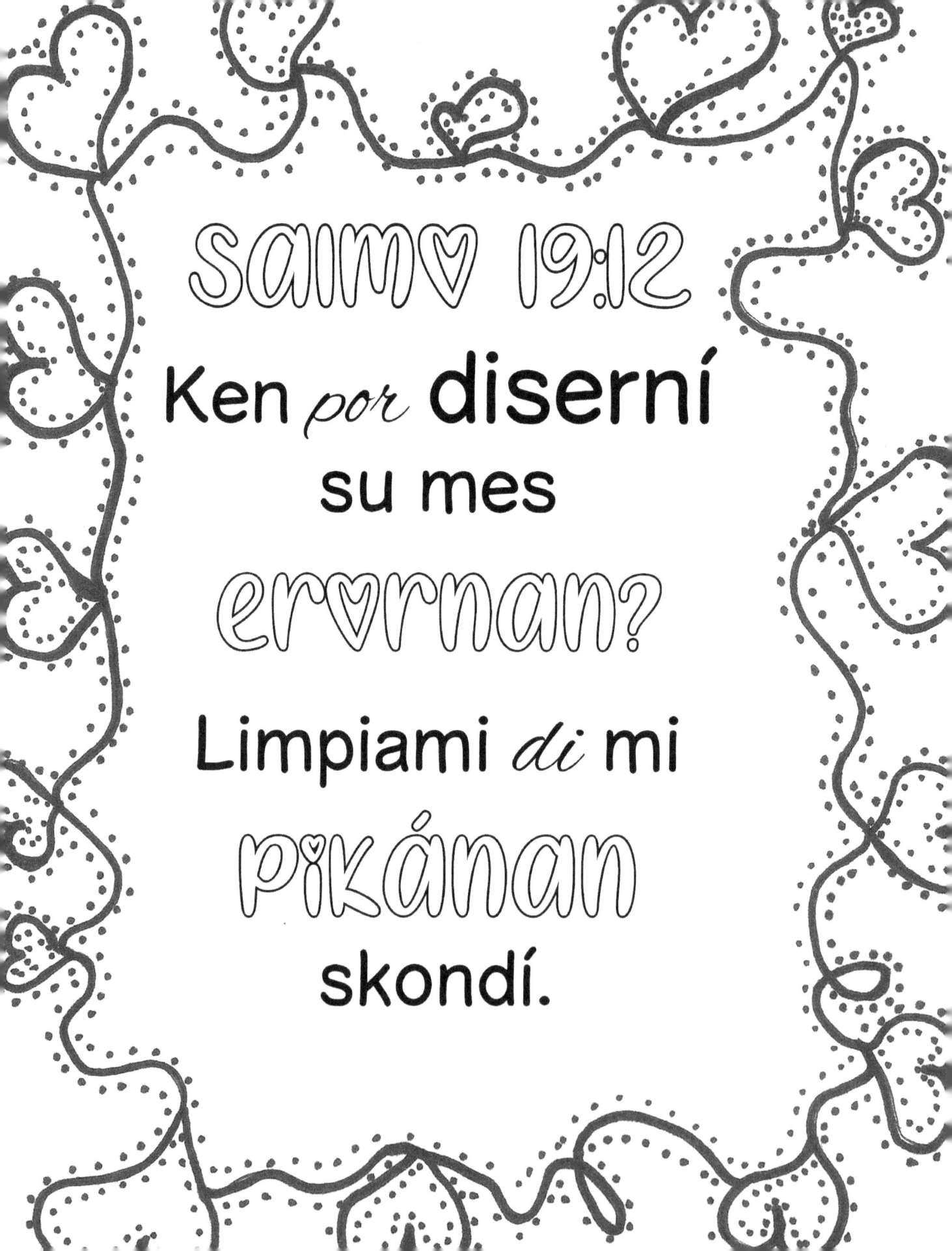

Salmo 19:8

E preseptonan di SEÑOR ta korekto, nan ta alegrá kurason; e mandamentunan di SEÑOR ta puru, nan ta iluminá wowo.

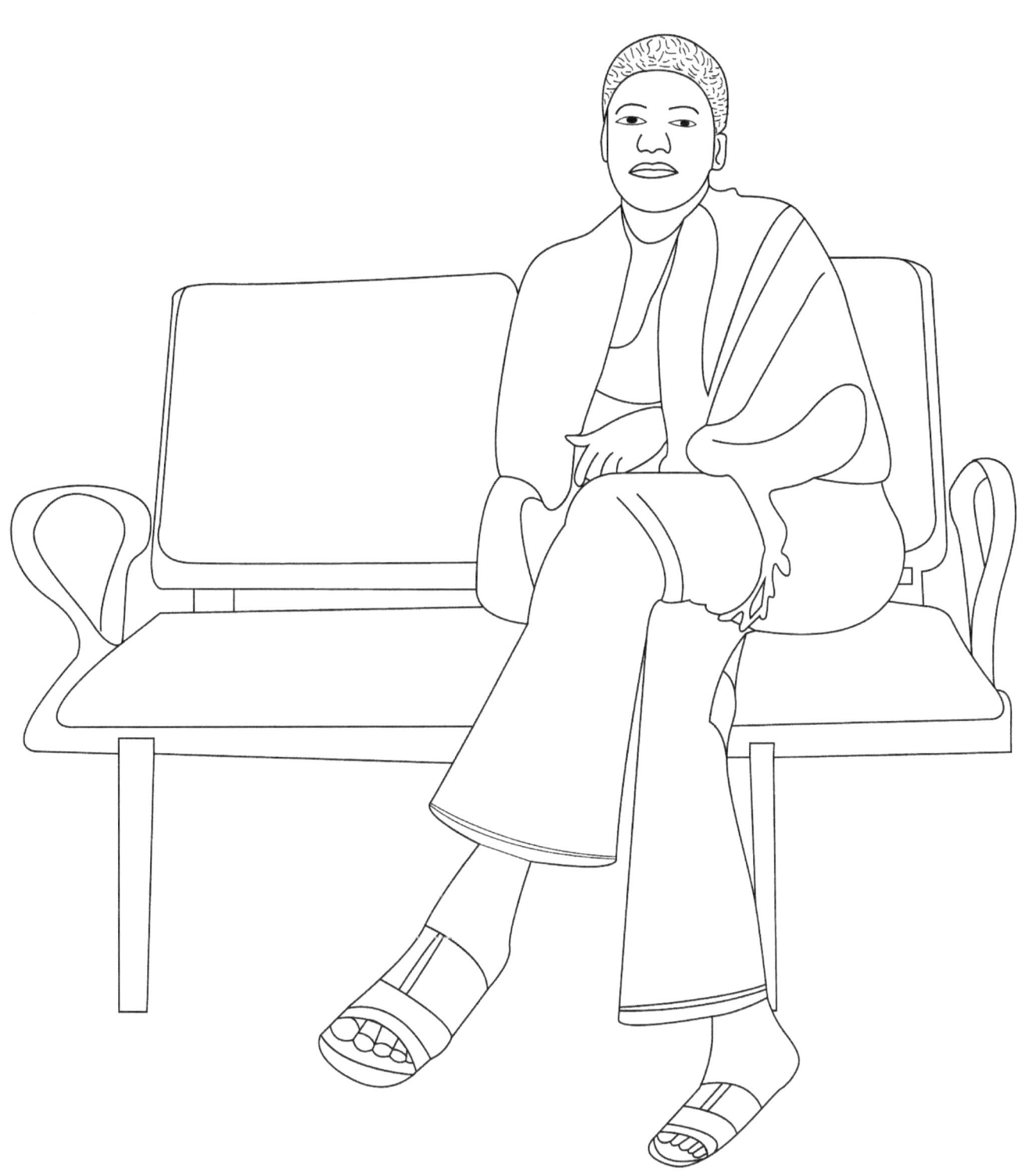

Salmo 19:10

Nan ta mas deseabel ku oro, sí, mas ku hopi oro fini; tambe mas dushi ku miel i gotanan di panal di miel.

Salmo 19:11

Ademas, pa *medio* di nan Bo *sirbido* ta keda *spièrtá*; i *obedensia* na nan ta trese *gran* rekompensa kuné.

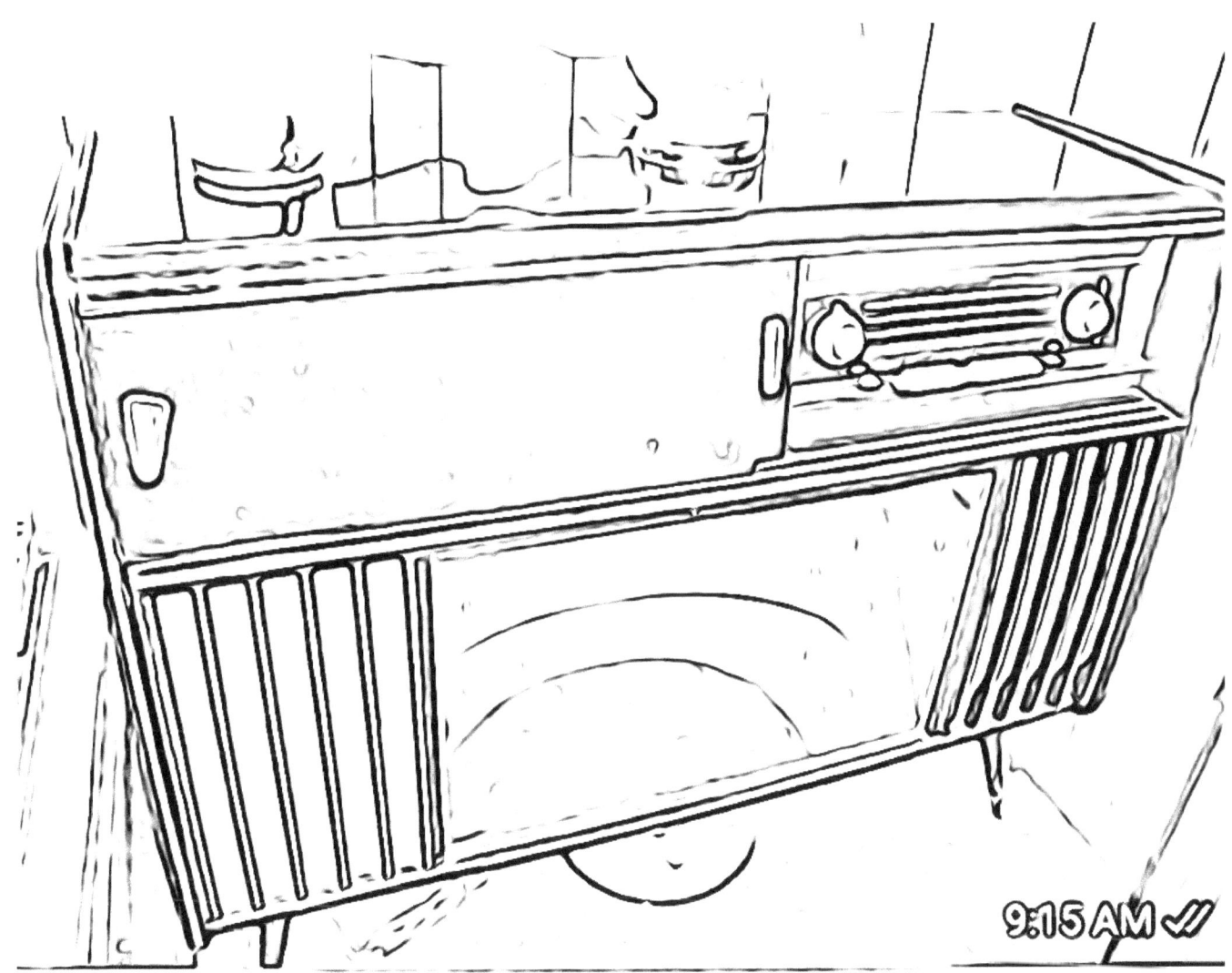

9:15 AM ✓✓

9:16 AM ✓✓

SALMO 19:7

E *lei* di SEÑOR ta PERFEKTO, e ta restorá *alma*; e *testimonio* di SEÑOR ta fiel, e ta hasi hende *simpel* bira sabí.

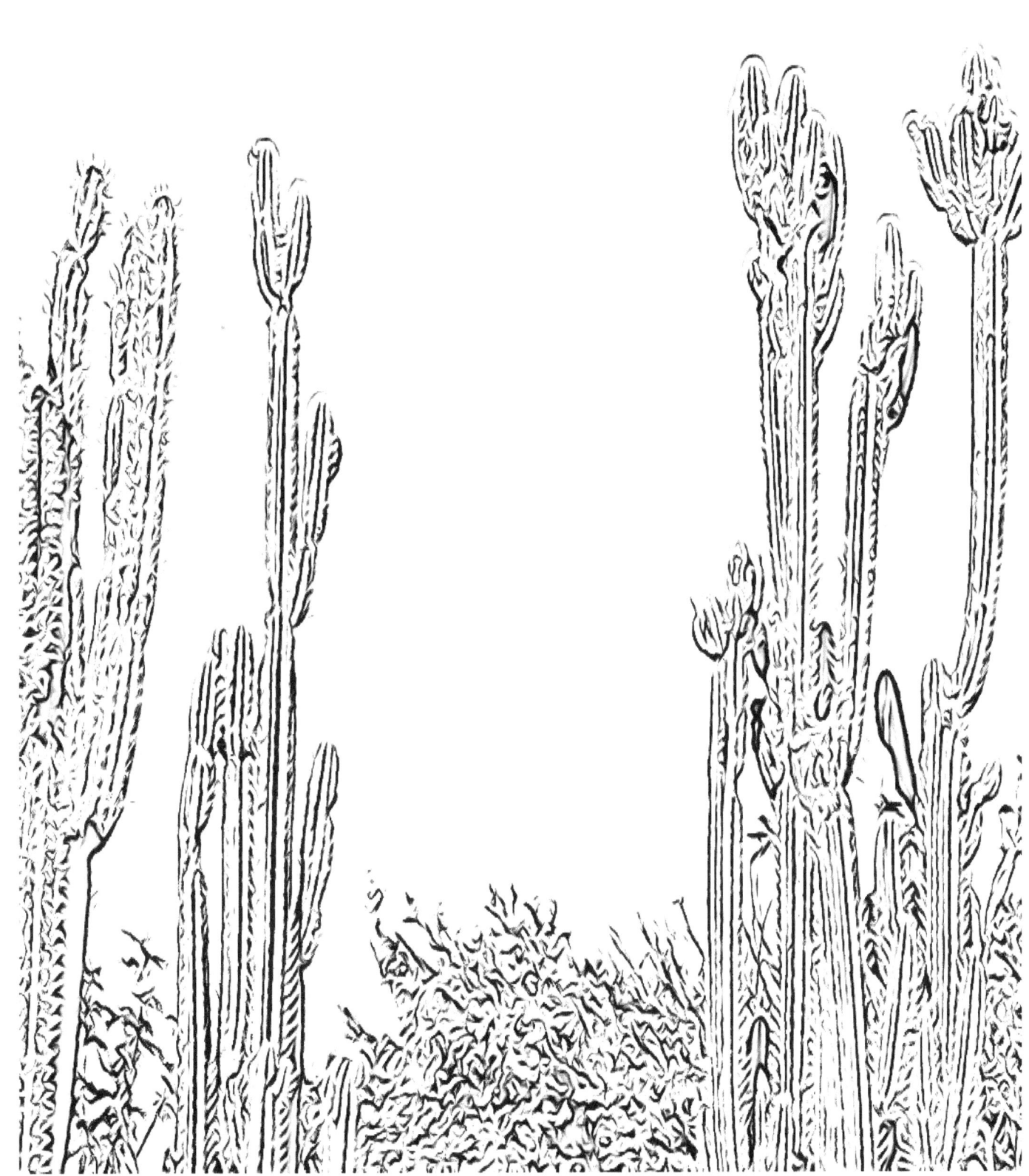

Misa Willibrordus

Tempel

Misa Santa Famia

Kranshi

www.ingramcontent.com/pod-product-compliance
Lightning Source LLC
Chambersburg PA
CBHW050339120526
44589CB00036BA/2611